LA RENCONTRE AMOUREUSE

Comment s'y préparer et la provoquer ?

Par Eve Enselme

50MINUTES.fr

LA RENCONTRE AMOUREUSE   **1**

SE PRÉPARER À LA RENCONTRE   **3**

Solitude moderne

S'épanouir avant tout

Être disponible

EN PRATIQUE : OÙ ET COMMENT FAIRE DES REN-CONTRES ?   **15**

Un mot d'ordre : interaction

Quelques lieux et activités
favorables à la rencontre

Aborder une personne

METTRE TOUTES LES CHANCES DE SON CÔTÉ   **28**

FAQ   **31**

Comment améliorer mes chances
de rencontres ?

Où ai-je le plus de chances
de rencontrer quelqu'un ?

Ça ne marche jamais pour moi, pourquoi ?

POUR ALLER PLUS LOIN   **34**

LA RENCONTRE AMOUREUSE

- **Problématique ?** La rencontre amoureuse constitue de nos jours une préoccupation majeure à tous les âges. D'une part, la liberté acquise en matière de choix de partenaire ou de séparation favorise le retour à la case « célibat » plusieurs fois au cours de l'existence. D'autre part, bien que la population ne cesse de croître et que les moyens de communication se soient multipliés, de plus en plus de gens se sentent seuls.
- **Objectif ?** Se préparer à la rencontre, comprendre et lever ses freins internes, et trouver les moyens pratiques de faire des rencontres.
- **FAQ ?**
  - Comment améliorer mes chances de rencontres ?
  - Où ai-je le plus de chances de rencontrer quelqu'un ?
  - Ça ne marche jamais pour moi, pourquoi ?

Absence d'allocations sociales, nécessité de concevoir des enfants pour fournir la main-d'œuvre familiale... Jusqu'au début du siècle dernier, une vie de célibataire est difficilement envisageable. Une personne – surtout une femme – qui n'a pas réussi à se marier reste une charge pour sa famille, à moins qu'elle n'entre en religion... ou se résigne à la prostitution. L'entourage est donc très impliqué et s'occupe généralement de choisir le futur conjoint ou d'organiser des rencontres susceptibles de mener à une union conforme à ses ambitions.

Au XIXe siècle, les bals constituent le lieu par excellence des rencontres et, dans les régions rurales, on se marie surtout dans le voisinage. Après la Seconde Guerre mondiale, les loisirs se popularisent. Les plus modestes villes de province ont leur cinéma, leur chorale, leurs cafés où l'on danse chaque semaine au son du juke-box. Nos grands-parents et parents ont de multiples occasions de se rencontrer, mais toujours sous l'œil vigilant de la famille.

Progressivement, nous avons fini par jouir d'une liberté quasi totale dans nos relations. Pourtant, il semble aujourd'hui plus difficile d'entrer en contact avec autrui. Les attentes réciproques se sont modifiées et, au final, nombreux sont ceux qui souffrent de solitude. Quelle est l'origine du problème ? Où et comment faire des rencontres de nos jours ? Comment agir pour faire d'une rencontre le début d'une belle histoire ? En misant sur les aspects positifs de la situation actuelle, ce petit livre vous propose des étapes pratiques pour cheminer vers l'autre de manière constructive.

SE PRÉPARER À LA RENCONTRE

SOLITUDE MODERNE

De plus en plus de gens vivent seuls, c'est un fait. Les couples stables se forment plus tard et se défont plus souvent. Le tissu social de la famille et du voisinage se détricote. Les causes en sont multiples : prolongation du temps d'étude, fragmentation de la vie professionnelle, éloignement géographique de la famille, difficultés matérielles, stress... pour ne citer que les plus évidentes.

Le rapport entre les sexes a également beaucoup changé. Les femmes ont acquis une indépendance qu'on leur refusait depuis des millénaires, et pourtant la misogynie n'a pas disparu. Les hommes voient leur rôle traditionnel renversé, et pourtant on attend encore souvent d'eux qu'ils soient des princes charmants. Les attentes réciproques se sont élevées et les relations sont devenues plus complexes.

LA SOLITUDE EN QUELQUES CHIFFRES

En Belgique, parmi la population âgée de 40 à 70 ans :

- 5,3 % déclarent n'avoir jamais eu de relation stable dans leur vie ;
- près d'une personne sur dix (9,4 %) affirme être seule au moment de l'enquête (2010).

(« GGP Belgium Policy Brief, 3 : Sur 100 Belges âgés de 40 à 70 ans, 5 n'ont encore jamais eu de relation stable » in *Generation and Gender Survey*, 2008-2010)

En France, la solitude s'accroît :

- en 2012, un Français sur huit est seul (cinq millions de personnes, soit un million de plus qu'en 2010) ;
- en 2014, le phénomène touche les 18-29 ans, jusque-là préservés ;
- chez les moins de 40 ans, la solitude a doublé en quatre ans (7 % en 2014 contre 3 % en 2010).

(« Les Solitudes en France », in *Fondation de France*, rapport 2014)

Les mêmes tendances se retrouvent un peu partout :

- en Suisse, en 2012, 36,1 % des 15 ans et plus se sentent seuls, contre 30,3 % en 2007 (« Sentiment de solitude dans la population résidante permanente de 15 ans ou plus », in *Office fédéral de la statistique (Suisse)*, 2007-2012) ;
- à Montréal, en 2011, 36,5 % des habitants sont célibataires (jamais mariés) et 18,7 % vivent seuls dans leur logement. La moyenne canadienne de célibataires est de 28 % (NORMANDIN (Pierre-André), « Recensement : la solitude gagne du terrain à Montréal », in *LaPresse.ca*, septembre 2012).

Pourtant, être célibataire n'implique pas forcément d'être malheureux. Beaucoup choisissent le célibat parce que cela leur convient. À l'inverse, le fait d'être en couple n'empêche pas qu'on puisse se sentir seul. Les enquêtes révèlent que la plupart des célibataires involontaires souffrent en fait de solitude au sens large : peu ou pas d'amis, perte de relations avec les collègues, la famille ou le voisinage... L'absence de partenaire se fait alors plus douloureuse que pour ceux qui ont une vie sociale bien remplie.

Le célibat est aussi la conséquence d'une évolution positive des mentalités. Il ne s'agit plus, en effet, de se mettre à deux à n'importe quel prix par pression sociale ou pour échapper à la solitude. On peut au contraire en faire une étape profitable pour aboutir à des rencontres plus matures.

S'ÉPANOUIR AVANT TOUT

Être bien avec soi pour être bien avec les autres

Avant de pouvoir construire une relation harmonieuse avec les autres, il est essentiel de développer une vie épanouie pour vous-même, de trouver votre place, de vous sentir bien et en confiance. Ce n'est qu'ainsi que vous pourrez vous dégager de l'attente désespérée – ou de la recherche compulsive – de la rencontre amoureuse qui va vous sauver... et qui risque fort d'aboutir tôt ou tard à une déception, puisqu'elle reposera sur de mauvaises bases.

Quelle que soit votre activité quotidienne, profitez d'avoir le champ libre côté relations pour prendre du temps pour vous, pour vous recentrer sur votre équilibre et sur vos besoins, afin de retrouver confiance et estime de vous-même. Organisez-vous de manière à éviter l'ennui et apprenez à vivre le moment présent.

- Goûtez les petites choses du quotidien : un rayon de soleil, un coin de verdure, une belle façade, un bon petit plat, etc.
- Réservez-vous des moments de détente, ne fût-ce que quelques minutes chaque jour après le travail, par exemple en fermant les yeux dans un fauteuil au son de votre musique préférée.
- Redécorez votre intérieur, enlevez ce qui est lié à une éventuelle ancienne relation.
- Essayez-vous à la relaxation, à la méditation, à un nouveau sport, etc.

Profitez-en également pour penser aux choses que vous auriez aimé faire depuis longtemps mais auxquelles vous n'avez jamais consacré de temps jusqu'à présent. Dressez-en une liste, sans vous préoccuper de ce que vous croyez impossible (votre âge, votre budget, la distance, les enfants à garder, le qu'en-dira-t-on, etc.). Vous avez toujours voulu apprendre à jongler ou à danser le tango ? Faire votre baptême de l'air ? Cherchez sur Internet, interrogez des professionnels du secteur, faites appel à vos proches, vérifiez les prix, les lieux, les facilités : vous verrez qu'il y a des activités plus accessibles que vous l'imaginiez.

Obligez-vous à réaliser au moins un de ces rêves, non seulement parce que c'est important pour votre épanouissement, mais également parce que cela élargira vos champs d'intérêt. Peut-être même cela vous amènera-t-il à croiser quelqu'un d'attachant…

Développer sa vie sociale

L'isolement social rend le célibat d'autant plus douloureux, car on tend alors à focaliser toutes ses attentes sur un partenaire idéalisé. Une autre étape importante de votre épanouissement personnel sera donc de (re)développer votre réseau de relations. Celui-ci vous permettra non seulement de retrouver un équilibre, mais il vous fournira à terme de précieuses occasions de rencontres amoureuses.

D'après une étude effectuée en 2007 par une agence de rencontres, plus de la moitié des célibataires en Europe aimeraient rencontrer leur partenaire via des amis, plutôt que via les sorties (« Deuxième grande enquête européenne sur les célibataires », in *Parship.be*, 2007-2008). Mariages, anniversaires et autres soirées sont autant d'occasions où les proches et connaissances rassemblent leurs propres cercles de relations. À partir d'un premier cercle familial ou amical, le réseau peut alors s'élargir : amis d'amis, parents d'amis ou de collègues, voisins de parents… Rencontrer quelqu'un de cette manière présente un avantage important : la personne n'est pas un(e) inconnu(e) et ses amis pourront vous en parler. C'est aussi un contexte associé davantage à une relation durable qu'à une aventure ponctuelle.

Bien sûr, développer sa vie sociale demande d'être prêt à y consacrer du temps. Lorsque vous vous dites : « Je n'ai pas le temps », cela ne veut-il pas plutôt dire : « Je ne veux/peux pas laisser tomber d'autres activités pour cela » ? Dites-vous que les contacts avec autrui ne sont pas quelque chose de futile. Ils constituent un élément essentiel de notre équilibre psychique, de notre vie sociale, et forment tout simplement la condition de la survie de l'espèce humaine.

Le bonheur demande souvent quelques sacrifices, comme celui de gagner un peu moins d'argent, de se détacher de certaines obligations, etc. Faites remonter la vie sociale dans l'ordre de vos priorités et réservez-vous un soir par semaine, ou au moins par quinzaine pour vous investir dans des activités sociales.

Une relation, oui, mais laquelle ?

La phase de célibat est également idéale pour faire une mise au point sur ce que vous voulez et ce que vous pouvez améliorer au niveau de vos relations amoureuses. Interrogez-vous en toute sincérité sur vos attentes du moment : souhaitez-vous une relation durable, ou avez-vous envie d'enchaîner quelques aventures sans engagement ?

Ensuite, sondez la motivation qui se cache derrière votre préférence : rêvez-vous de mariage parce que c'est votre aspiration profonde, ou parce que vous avez peur de vieillir seul(e), que votre entourage vous y pousse, que vous vivez un passage difficile ? Recherchez-vous plutôt une relation brève parce que vous désirez garder une grande liberté, parce que personne ne vous satisfait, parce que d'autres projets ont la priorité dans votre vie ?

Il est essentiel de définir le type de relation que vous recherchez. Lorsque l'on sait clairement ce que l'on veut, on a plus de chances d'y parvenir. En outre, cela évitera de nombreux malentendus avec vos partenaires potentiels.

Mettez de côté les considérations morales, car il ne s'agit pas de cela. Il s'agit de faire un choix assumé, qui vous permettra d'agir en harmonie avec votre moi profond, et par conséquent d'éviter les échecs à répétition.

Par ailleurs, il est important de rester réaliste et de ne pas trop en attendre de l'autre. Le rêve du prince charmant ou de la femme parfaite est le produit de tout ce qui nous a manqué depuis notre enfance. Dans la réalité, il est illusoire de rechercher la personne qui répondra à 100 % à nos aspirations. Bien sûr, il ne s'agit pas de s'attacher à quelqu'un qui ne nous correspond pas ; mais en exigeant trop, nous empêchons l'autre d'être lui-même et de nous apporter quelque chose d'inattendu, de différent, et de tout aussi valable. Cette pression inconsciente mais bien réelle aura finalement pour effet d'éloigner tout partenaire potentiel.

Réfléchissez à ce qui est le plus important pour vous, et hiérarchisez les réponses qui vous viennent. Qu'est-ce qui est indispensable ? Qu'est-ce que je suis prêt(e) à abandonner en contrepartie ? Si, par exemple, vous rêvez d'un(e) partenaire brillant(e) socialement et passionné(e) par son métier, êtes-vous prêt(e) à accepter qu'il/elle soit accaparé(e) par son travail ?

PETIT PLUS

Pour accepter le mélange de qualités et d'imperfections de l'autre, il est important d'apprendre à composer avec notre propre mélange de qualités et d'imperfections. Ne soyez donc pas trop exigeant(e) avec vous-même !

Veillez aussi à vous émanciper complètement de vos relations passées. Tant que vous êtes dans le regret de celui ou celle avec qui vous étiez, des bonnes choses que vous partagiez ou que vous espériez avec cette personne, vous n'êtes pas disponible pour une nouvelle expérience. Vous risquez d'autre part de jeter votre dévolu sur une personne par réaction émotionnelle et non par affinité véritable. Marie explique ainsi :

> Je sortais d'une longue relation avec une personne dont les habitudes désordonnées m'agaçaient. Je me suis consolée

dans les bras de Julien, quelqu'un de très organisé, en croyant que je m'entendrais mieux avec cet autre extrême. Et, un jour, sa manie du rangement m'est apparue absolument insupportable ; en réalité, elle ne me correspondait pas.

ÊTRE DISPONIBLE

Pour faire une belle rencontre et entamer une relation durable, il faut être en paix avec soi-même. Si la première étape de ce processus consiste à se recentrer sur soi, il faut ensuite être capable de s'ouvrir aux autres et aux opportunités qui se présentent.

Vous avez sûrement déjà observé que certaines personnes, sans avoir ni physique exceptionnel ni talents particuliers, incitent naturellement à aller vers elles, alors que d'autres sont systématiquement délaissées. Si l'attirance tient d'abord au fait d'être bien dans sa peau, le charisme repose aussi sur la capacité à échanger, c'est-à-dire à donner et à recevoir. On séduit davantage si l'on a quelque chose à partager que si l'on attend que l'autre nous comble. Donner à l'autre un sourire, de la chaleur humaine, un peu d'aide... cela peut être très simple. Recevoir est plus subtil encore : il s'agit d'écouter l'autre, d'accepter ce qu'il est et ce qu'il nous apporte. Nous attendons naturellement cela de l'amitié, pourquoi une relation amoureuse devrait-elle s'en passer ?

D'autre part, être abordé peut être déstabilisant ; le réflexe est alors, souvent, de rejeter directement la requête, ce qui ruinerait instantanément tous vos efforts ! Acceptez que ce ne soit pas vous qui choisissiez la personne, la manière ou le moment d'entrer en contact. Qui sait quelle bonne surprise cela vous réservera ? Et, si vous éconduisez quelqu'un, faites-le avec gentillesse. Pourquoi lui feriez-vous payer l'intérêt qu'il ou elle vous a porté ?

La bonne attitude consiste à rester ouvert(e) et disponible en tout temps et en tous lieux. Une rencontre extraordinaire peut se faire dans le contexte le plus ordinaire ! Lorsque vous sortez, laissez de côté vos soucis de travail, vos factures en retard ou vos problèmes de santé. Éteignez votre téléphone, assurez-vous d'avoir effectué les appels importants auparavant. Il y a peu de chances qu'on vous aborde tant que vous êtes occupé(e) à parler ou à écrire à des interlocuteurs virtuels, ou si vous avez des oreillettes vissées dans les oreilles.

Sourire

Qu'y a-t-il de mieux qu'un sourire pour illuminer un visage et changer instantanément la perception que les autres ont de vous ? Les gestionnaires de centres d'appels l'ont bien compris : leurs employés ont pour consigne de sourire pendant une communication téléphonique avec un client.

Même lorsque si vous être triste ou soucieux(se), vous pouvez toujours trouver une occasion de sourire : lorsque quelqu'un vous salue, lorsqu'un(e) automobiliste s'arrête pour vous laisser traverser... Essayez d'en faire une habitude et observez ce qui change !

Autre point : même si cela peut paraître évident, n'oubliez pas de prendre soin de votre apparence. Avant une sortie, prenez le temps de choisir un vêtement, arrangez votre coiffure, glissez un déodorant et des pastilles à la menthe dans votre poche, etc. Il ne s'agit pas de chercher artificiellement à plaire : faites-le pour vous-même d'abord, pour vous sentir bien, pour marquer l'importance que vous accordez à la rencontre, pour sortir de votre quotidien... et finalement, pour offrir à l'autre un plaisir de la vue, de l'odorat ou du toucher.

LES ATOUTS DU CÉLIBATAIRE ATTRACTIF

Les qualités les plus attendues d'un futur partenaire sont l'honnêteté (93 % des sondés en Europe), la fidélité (89 %), la franchise (87 %), la capacité de bien communiquer (87 %), l'optimisme (86 %) et l'humour (80 %).

Les éléments les plus décourageants lors d'une rencontre sont la mauvaise haleine (95 %), une mauvaise hygiène dentaire (92 %), le surpoids (82 %), et sur le plan du caractère, la pédanterie (97 %) et l'avarice (95 %). Le manque de savoir-vivre est aussi évoqué fréquemment, surtout par les Françaises.

(« Deuxième grande enquête européenne sur les célibataires », in Parship.be, 2007-2008)

Tout en vous rendant disponible, évitez de vous focaliser sur la rencontre et d'en faire l'objectif de toutes vos sorties. Les rencontres, c'est un peu comme le sommeil : plus on essaie de les faire venir, plus elles nous échappent ! Sortez donc avec un but concret qui ne soit pas la rencontre elle-même ; ayez un véritable intérêt pour les activités que vous mettrez dans votre agenda. Allez voir un bon film ou un concert d'un de vos artistes préférés, goûtez une cuisine exotique, participez à un événement sportif... Ainsi, non seulement vous aurez passé un bon moment, mais vous aurez en réalité davantage de chances de rencontrer des personnes qui partagent les mêmes centres d'intérêt que vous. Et surtout, vous serez moins déçu si vous rentrez bredouille.

EN PRATIQUE : OÙ ET COMMENT FAIRE DES RENCONTRES ?

TOP 5 DES LIEUX DE RENCONTRES EN FRANCE

1. Soirées entre amis, surtout depuis les années quatre-vingt-dix (18 % des rencontres), et discothèques depuis les années quatre-vingt (11 %).
2. Lieux publics comme la rue, les parcs, le métro, etc. (16 % des hommes et 14 % des femmes)
3. Lors des études : 15 % des hommes et 14 % des femmes pour le premier conjoint, et respectivement 39 et 25 % pour un premier partenaire.
4. Lieu de travail (10 %).
5. Famille : en diminution depuis les années soixante-dix (un peu plus de 5 % actuellement).

(BOZON (Michel) et RAULT (Wilfried), « Où rencontre-t-on son premier partenaire sexuel et son premier conjoint ? », in *Population et Société*, n° 496, janvier 2013)

UN MOT D'ORDRE : INTERACTION

De nombreux autres lieux et occasions de rencontres peuvent être trouvés. Sortez des habitudes et privilégiez les endroits et activités qui impliquent une interaction entre les participants, car cela constitue une excellente base pour entrer en contact. Exemples :

- activités basées sur le lieu de vie, comme les fêtes de quartier organisées en commun, les rencontres de citoyens sur un point d'aménagement de l'environnement, etc.
- ateliers divers, comme des cours de cuisine (souvent les plus mixtes). Ils sont une occasion de s'amuser tout en apprenant et en faisant connaissance avec les autres membres du groupe.

TENEZ-VOUS AU COURANT

- Abonnez-vous aux lettres d'information diffusant les événements culturels et autres activités publiques.
- Inscrivez-vous sur des groupes Facebook, blogs et autres réseaux créés autour d'une activité qui vous intéresse.
- Consultez le journal de votre commune (souvent mensuel) annonçant les activités locales.
- Etc.

Pensez à remplacer une activité que vous réalisez habituellement seul(e) par son équivalent collectif. Vous y trouverez d'ailleurs d'autres avantages, comme la réduction des dépenses ou la motivation à poursuivre une activité que vous abandonneriez rapidement chez vous. Vous pouvez par exemple :

- lire dans une bibliothèque ou dans un café au lieu de lire à la maison ;
- choisir de visiter une exposition au sein d'un groupe avec un guide plutôt que seul(e) avec un casque ;
- prendre le train au lieu de la voiture, penser au covoiturage ;
- sortir au ciné-club dans le quartier plutôt que d'aller au cinéma ;
- essayer les tables d'hôte plutôt que de vous asseoir seul au restaurant ;
- pratiquer un sport d'équipe (ou pratiquer à plusieurs un sport individuel).

Dans la même optique, préférez les échanges humains aux machines et aux opérations électroniques à distance. Une conversation inattendue peut naître dans la file d'une caisse de magasin, dans une salle d'attente, devant un guichet de gare... jamais quand vous êtes seul(e) devant votre écran.

La pratique d'un sport, en particulier, est un atout certain dans la vie relationnelle. Non seulement parce qu'on peut y croiser des personnes qui partagent la même passion – ou du moins le même effort –, mais aussi grâce au bien-être procuré par l'activité physique. Entretien du corps, réduction du stress et de la dépression, amélioration de la confiance en soi et même amélioration de la libido... La liste des bénéfices est longue et devrait motiver les plus réticents à s'y mettre ! Se faire membre d'un club est intéressant pour les à-côtés tels que soirées, verres de l'amitié et autres événements rassemblant les membres.

QUELQUES LIEUX ET ACTIVITÉS FAVORABLES À LA RENCONTRE

Soirées

Ce n'est pas une surprise, les soirées s'avèrent propices à la formation de couples d'un soir, de quelques mois ou d'une vie. Les soirées entre amis combinent à la fois le cadre détendu et l'action du réseau de connaissances (les amis présentant leurs propres amis).

Les bars et discothèques permettent de rencontrer davantage de personnes inconnues. Même si tout est possible, les boîtes de nuit ne sont toutefois généralement pas le meilleur endroit pour trouver le prince charmant ou la petite sirène à épouser. Tout dépend de ce que vous cherchez. Dans tous les cas, la présence d'au moins un(e) ami(e) est d'une grande aide pour être plus à l'aise, pour sourire et dégager un esprit convivial. Partez avec l'objectif de vous amuser et non pas d'aller à la chasse, car cela se ressentira.

Lieu de travail

Dans le cadre du travail, on se trouve régulièrement en contact avec des personnes partageant un même parcours et certains centres d'intérêt. On a le temps de s'observer dans des situations concrètes et le fait de participer à un projet commun favorise la création de liens. Certaines activités sont propices au rapprochement amoureux entre collègues : verre pris ensemble après le travail, repas de midi, déplacements effectués ensemble... La tendance à nouer des relations intimes au travail semble en hausse, notamment en conséquence d'une pression croissante.

La médaille a toutefois son revers. La proximité des collègues et les commérages peuvent être gênants. Il faut, d'autre part, éviter que les sentiments ne nuisent aux relations professionnelles, par exemple sous la forme de favoritisme, ou de conflit lorsqu'il y a rupture. La hiérarchie ne voit d'ailleurs pas toujours ces relations d'un bon œil.

LES RELATIONS AU TRAVAIL EN QUELQUES CHIFFRES

En Belgique, 4 % des personnes interrogées auraient déjà eu une relation sexuelle avec un collègue de travail et 25 % auraient déjà éprouvé des sentiments pour des collègues (EECKHOUT (Annemie), « Psycholoog Stefan Lievens over Cupido op de werkvloer », in *Nieuwsblad. be*, février 2007).

Aux Pays-Bas, 33 % des employés disent avoir déjà éprouvé des sentiments pour des collègues, 4 % de la population active aurait déjà eu une relation avec un collègue et 14 % des relations nouées sur le lieu de travail auraient abouti à un mariage (BENNEKOM (Dirkje van), « Er wordt heel wat af gescharreld op de Nederlandse werkvloeren », in *Relatie.Blog.nl*, février 2014 ; « Werknemers met een partner die bij hetzelfde bedrijf werkt naar bedrijfstak », in *Centraal Bureau voor de Statistiek (NL)*, février 2012).

Aux États-Unis, 38 % des travailleurs auraient déjà eu

Si vous êtes sans emploi, retraité(e) ou que votre travail implique un certain isolement, pensez au bénévolat ou au volontariat. Non seulement on y bénéficie souvent d'une formation et d'une expérience valorisante, mais on a de fortes chances de rencontrer des personnes motivées par des idéaux communs. Les travaux et domaines sont variés : protection de la nature, aide aux personnes défavorisées, parascolaire, culture, etc. Pourquoi pas même partir avec une ONG dans un pays étranger ?

À côté d'organisations internationales comme Greenpeace, Oxfam, les Restos du Cœur, la Croix Rouge, etc., vous trouverez une foule de petites associations autour de chez vous qui ont besoin d'un coup de main. De quelques heures à quelques mois, de manière ponctuelle ou régulière, tout est possible.

Voyages

Les voyages et vacances permettent souvent de faire la connaissance de personnes différentes.

Si vous partez seul(e), choisissez un voyage thématique et/ou un parcours organisé : découverte des châteaux de la Loire, randonnée dans le désert tunisien... Non seulement vous échapperez ainsi à l'ennui, mais vous partagerez un centre d'intérêt avec d'autres personnes, ce qui aidera à garder un contact par la suite.

Toutefois, il ne faut pas se faire d'illusions. Une personne que vous aviez trouvée charmante dans un contexte idyllique ne vous fera sans doute plus autant rêver lorsqu'elle aura retrouvé sa vie ordinaire dans une ville grise... ou vous la vôtre. Restez conscient que les amours et amitiés de vacances sont le plus souvent éphémères, ce qui ne les empêche pas de constituer d'inoubliables expériences.

Formations

Les cours du soir et les formations sont de bonnes occasions de se faire de nouveaux amis, ou plus si affinités. Les participants se côtoient en effet pendant un certain temps et un esprit de groupe se forme facilement.

Les cours de langue sont intéressants sur ce plan, car on est amené à y pratiquer les acquis en interaction avec les condisciples, à exprimer des opinions et à parler de soi, ce qui permet de faire connaissance dans un cadre neutre. D'ailleurs, les sessions se terminent souvent par un verre de l'amitié et des échanges de coordonnées. Mais tout autre apprentissage en groupe vous permettra à la fois d'élargir votre horizon intellectuel et de sortir de la solitude. Une excellente manière de joindre l'utile à l'agréable !

ASTUCE

Préférez des activités régulières (cours hebdomadaires, stage de plusieurs jours) plutôt que ponctuelles.

Danses sociales

Les danses sociales ont toujours été un excellent moyen de faire des rencontres. La danse apporte en outre d'indéniables bénéfices pour la santé et la confiance en soi. Que ce soit en cours, soirées ou festivals, il y en a pour tous les goûts : plutôt sensuelle comme la bachata et la salsa, sportive comme le rock' n roll, romantique comme le zouk, passionnelle comme le tango...

La plupart d'entre elles ont une connotation amoureuse, mais elles permettent tout aussi bien de se faire de bons amis. Attention toutefois, la rapidité et la multiplicité des contacts favorisent les rencontres éphémères. Soyez conscients de ce que vous cherchez et soyez clairs avec les autres.

PAS POUR MOI ?

Peut-être pensez-vous « Je suis maladroit » ou « Ce n'est pas maintenant que je vais m'y mettre ». Dites-vous que tout peut s'apprendre, et chacun à son rythme. Il n'est pas nécessaire d'être un bon danseur pour passer un excellent moment. En outre, le défi de l'apprentissage crée une complicité entre les élèves. Choisissez un cours dont l'ambiance vous met en confiance et allez-y régulièrement.

Clubs de loisirs

Les clubs de loisirs sont de plus en plus populaires. Leur principe consiste à organiser des activités partagées par les membres : cours de danse ou de cuisine, sorties culturelles, randonnées, soirée jeux de société, etc. Ouverts à tous, on s'y inscrit avant tout pour se détendre et se faire des amis. L'avantage est qu'on a généralement l'occasion de revoir une même personne au fil des activités.

Les clubs de rencontres proposent le même genre de cadre et d'animations, mais s'adressent spécifiquement aux personnes en recherche de partenaire.

Il existe de nombreux clubs, dans toutes les régions, et vous les trouverez aisément sur Internet, puisque c'est le moyen privilégié de diffuser leurs agendas. Certains d'entre eux se spécialisent pour certaines tranches d'âge, par exemple les plus de 50 ans.

Petites annonces, agences ou sites de rencontre, speed dating...

Ces méthodes de rencontre ont en commun de viser clairement la relation de couple. Elles apportent une solution lorsque les autres modes de sociabilité font défaut. Il est possible d'y faire de belles rencontres, durables ou ponctuelles, amoureuses ou amicales. Il faut toutefois éviter d'y placer trop d'espoirs.

Avec les petites annonces et les agences, on reçoit d'abord de l'information sur une personne avant de la rencontrer. L'illusion qu'on s'est bâtie va alors se confronter à la réalité.

Les agences proposent certes des profils plus complets et sélectionnés, mais cela ne garantit pas la coïncidence des attentes réciproques. Au final, il semble que peu de rencontres réalisées par ce biais aboutissent à une union durable... mais ceux qui y ont réussi ne s'en vantent généralement pas.

Le « speed-dating », apparu dans les années 1990, est une forme de mise en contact également basé sur des candidatures préalables. La différence se situe dans la brièveté des rencontres et l'enchaînement de plusieurs entrevues en une soirée. Les avantages et inconvénients sont assez évidents : rapidité et dynamisme, mais souvent superficialité et déceptions sont à la clé.

Créer les occasions

Pourquoi ne pas donner un coup de pouce à votre destin... ou à celui de vos connaissances ? Programmez une soirée chez vous ou un brunch le dimanche en invitant des personnes issues de différents domaines de votre vie (travail, sport, voisinage...). Ouvrez les invitations aux amis des amis et, surtout, programmez une activité ludique qui permettra à tous d'interagir, en incluant les deux sexes et les différents âges, comme :

- des jeux de société. Il y en a pour tous les goûts, tous les âges, tous les budgets. N'hésitez pas à demander conseil dans un magasin spécialisé ;
- un cours d'initiation à une danse, à la jonglerie, à des jeux de rythmes avec un artiste, un mini cours de cuisine privé donné par un professionnel... Certains proposent des tarifs très abordables.

Il existe également des sites internet qui vous permettent de proposer une activité à des personnes totalement inconnues (cavousdit.com, onvasortir.com…).

ABORDER UNE PERSONNE

Homme ou femme, osez aborder une personne qui vous attire. En laissant passer l'occasion, vous risquez davantage de manquer une personne intéressante que d'essuyer un refus. Comme le disait la journaliste américaine Helen Rowland (1875-1950) : « Les folies que l'on regrette le plus dans sa vie sont celles que l'on n'a pas commises quand on en avait l'occasion. » Restez respectueux, et la personne devrait plutôt apprécier votre démarche. Et si jamais elle vous répond de manière désagréable, au moins serez-vous fixé(e) immédiatement. Oser implique d'accepter que cela ne fonctionne pas à tous les coups. Ne vous découragez pas. On ne peut pas plaire à tout le monde et tout le monde n'est pas disponible, même amicalement. Cela ne remet pas vos qualités en question.

Une conversation agréable est le meilleur moyen de capter l'intérêt d'une personne et peut-être d'obtenir de la revoir. Évitez les sujets « bateau » comme la météo. Un peu de culture générale vous aidera. L'équation est simple : plus vous vous intéressez à des sujets variés, plus vous aurez de chances d'intéresser des personnes variées.

N'hésitez pas à demander l'opinion de votre interlocuteur(trice). L'écoute est un point essentiel pour se faire apprécier. Dans tous les cas, restez naturel(le). Chercher à éblouir est une manière de vous imposer à l'autre personne. Faites-lui plutôt sentir l'intérêt que vous lui portez et n'hésitez pas à évoquer les choses que vous appréciez en elle.

Le mieux est d'avoir un motif pratique et concret d'entrer en contact, comme demander de l'aide, des informations ou un avis. Pensez à un sujet qui permette d'amorcer une conversation avec la personne, tel que :

- ce qu'elle pense de l'événement auquel vous participez ;
- pourquoi elle choisit tel produit, ou l'endroit où vous vous trouvez ;
- où l'on peut trouver le programme qu'elle porte en main ;
- etc.

La plupart du temps, la personne à qui vous vous adressez se sentira valorisée parce que vous faites appel à ses connaissances, ou simplement parce que vous lui avez prêté de l'attention. Elle se fera un plaisir de vous répondre et elle vous apprendra peut-être quelque chose que vous ignoriez. Assurez-vous, bien sûr, de le faire de manière polie et n'insistez pas si elle ne souhaite pas donner suite.

METTRE TOUTES LES CHANCES DE SON CÔTÉ

Malgré les qualités que chacun de nous possède, il arrive que nous gâchions involontairement nos chances par certaines attitudes inadéquates. Des psychologues ont identifié les plus courantes d'entre elles :

- être trop pressé ;
- avoir des attentes irréalistes ;
- manquer de confiance en soi ;
- idéaliser l'autre ou la relation amoureuse ;
- souffrir de timidité, de difficultés de communiquer ;
- stagner dans ses échecs ;
- avoir peur du changement, de perdre son confort, de souffrir, d'être abandonné, de ne pas être considéré, etc.

À ce niveau, notre comportement est fortement conditionné par différents apports : vécu plus ou moins douloureux avec les parents dans l'enfance, héritage inconscient des générations précédentes, habitudes culturelles, influence des médias, etc. Le manque de confiance en soi, la timidité, les peurs diverses y trouvent leurs racines.

En outre, de ce bagage, nous avons parfois inconsciemment tiré des conclusions telles que « Personne ne veut de moi » ou « Tous les hommes sont infidèles ». Ces convictions modèlent notre expérience de manière à toujours nous donner raison. En clair, si vous êtes convaincu que « Les femmes sont compliquées », votre subconscient fera en sorte que chaque rencontre confirme cette croyance... et vous ne rencontrerez que des femmes compliquées !

L'attitude joue un rôle tout aussi déterminant en cas d'échecs répétés dans ses relations. Si nous sommes souvent bien conscients des qualités que nous attendons d'un partenaire, ainsi que de ce qui nous a déplu dans nos précédentes relations, sommes-nous certains d'offrir à notre tour tout ce que nous attendons des autres ?

Vous avez par exemple pu reprocher à un ancien partenaire de ne pas vous écouter quand vous lui racontiez votre journée de travail ; il est probable que de votre côté, vous ne l'ayez pas écouté(e) à d'autres occasions ou sur d'autres plans, comme quand il/elle réclamait – verbalement ou non – un peu de tendresse. Peut-être aussi trouvez-vous que vos amis ne font pas beaucoup d'efforts pour garder le contact ; mais est-ce que vous-même faites des efforts dans ce sens ?

Tentez donc d'identifier ces attitudes et ces conditionnements pour vous en dégager. Ce sera peut-être une étape plus délicate et plus longue. L'aide d'un professionnel peut s'avérer nécessaire, mais les plus heureux changements sont à la clé.

Ainsi, n'hésitez pas à consulter. Il existe d'innombrables approches, depuis la thérapie classique jusqu'aux techniques psychocorporelles en passant par les groupes de parole et le coaching privé. Internet et les magazines consacrés au bien-être regorgent de bonnes adresses. Les centres de planning familial peuvent également vous aider à très petit budget.

Peut-être devrez-vous essayer différentes méthodes avant de trouver celle qui vous convient. Allez-y sans a priori et ne vous découragez pas. L'enjeu dépasse la question des rencontres. Cela sera bénéfique pour de nombreux aspects de votre vie.

FAQ

COMMENT AMÉLIORER MES CHANCES DE RENCONTRES ?

Le plus important est de développer d'abord votre propre bien-être, puis de le partager avec les autres plutôt que d'attendre que ceux-ci comblent vos manques. Il est également important de vous (re)créer un réseau social au sens large. Beaucoup de rencontres se font grâce aux liens familiaux ou amicaux, qui introduisent à leur tour leurs propres amis ou parents. Il vous reste enfin à sortir de chez vous ou de vos habitudes, en participant à diverses activités et en osant aborder les personnes qui vous attirent.

OÙ AI-JE LE PLUS DE CHANCES DE RENCONTRER QUELQU'UN ?

Il y a, d'une part, des lieux ou occasions traditionnels de socialisation : travail, soirées, lieux publics, événements familiaux, vacances... À vous d'y participer autant que possible. Mais on peut aussi être créatif en fréquentant tous lieux et activités où une interactivité se crée : événements de quartier, bénévolat, sports d'équipe, cours et ateliers, etc. L'idéal est de développer une attitude ouverte en toute circonstance, car les rencontres peuvent se produire là où on ne les attend pas.

ÇA NE MARCHE JAMAIS POUR MOI, POURQUOI ?

Ni l'aspect physique ni la chance ne sont les clés de la réussite. Certaines attitudes empêchent la survenue ou le succès des rencontres : excès d'exigences, idéalisation de l'amour, empressement... Vous pouvez aussi être entravé par le manque de confiance en vous, les préjugés sur les hommes ou sur les femmes, la peur du changement, etc. Ceux-ci sont issus de votre vécu. Prendre conscience de ces conditionnements vous aidera à sortir des échecs. Il ne faut pas hésiter à faire appel à un professionnel pour y parvenir.

Votre avis nous intéresse !
Laissez un commentaire sur le site de votre librairie en ligne
et partagez vos coups de cœur sur les réseaux sociaux !

POUR ALLER PLUS LOIN

SOURCES BIBLIOGRAPHIQUES

- BENNEKOM (Dirkje van), « Er wordt heel wat af geschar-reld op de Nederlandse werkvloeren », in *Relatie.Blog.nl*, février 2014, consulté le 28 avril 2017. http://relatie.blog.nl/onderzoek/2014/02/11/er-wordt-heel-wat-geschar-reld-op-de-nederlandse-werkvloeren
- BOZON (Michel) et RAULT (Wilfried), « Où rencontre-t-on son premier partenaire sexuel et son premier conjoint ? », in *Population et Société*, n° 496, janvier 2013, consulté le 28 avril 2017. https://www.ined.fr/fichier/s_rubrique/19164/population_societes_2013_496_lieux_ren-contre.fr.pdf
- « Deuxième grande enquête européenne sur les célibataires », in *Parship.be*, 2007-2008, consulté le 28 avril 2017. Résultats publiés en trois parties : https://fr.parship.be/pics/downloads/fr_BE/PR-080114-_Single_survey_2008-fr-aol.pdf, https://fr.parship.be/pics/downloads/fr_BE/PB-080305-_2eme_partie_survey-fr-alm.pdf, https://fr.parship.be/pics/downloads/fr_BE/PR-080424-3e_PARTIE-single_survey-carrixre-fr-aol.pdf
- « Dix erreurs à ne pas commettre lors du premier rendez-vous », in *LeVif.be*, juillet 2014, consulté le 13 avril 2017. http://www.levif.be/actualite/sante/dix-erreurs-a-ne-pas-commettre-lors-du-premier-rendez-vous/article-normal-18149.html
- EECKHOUT (Annemie), « Psycholoog Stefan Lievens over Cupido op de werkvloer », in *Nieuwsblad.be*, février 2007, consulté le 28 avril 2017. http://www.nieuwsblad.be/cnt/

gjf18fcc1

- « GGP Belgium Policy Brief, 3 : Sur 100 Belges âgés de 40 à 70 ans, 5 n'ont encore jamais eu de relation stable » in *Generation and Gender Survey, enquête de la Direction générale Statistique et Information économique (DGSIE) (Belgique)*, 2008-2010, consulté le 28 avril 2017. www. ggps.be
- LAMOURÈRE (Odile), *Célibataire aujourd'hui. De la solitude à la rencontre amoureuse*, Montréal, Les Éditions de l'Homme, 2003.
- « Les Solitudes en France », in *Fondation de France*, rapport 2014, consulté le 28 avril 2017. https://www. fondationdefrance.org/sites/default/files/atoms/files/ dp_solitudes_2014_def_fiches_exemples.pdf
- NORMANDIN (Pierre-André), « Recensement : la solitude gagne du terrain à Montréal », in *LaPresse.ca*, septembre 2012, consulté le 28 avril 2017. http://www. lapresse.ca/actualites/montreal/201209/20/01-4575739- recensement-la-solitude-gagne-du-terrain-a-montreal. php
- PEUTEMAN (Ann), « Sans bagages, il est plus facile de tomber éperdument amoureux », in *LeVif.be*, août 2015, consulté le 13 avril 2017. http://www.levif.be/actualite/ belgique/sans-bagages-il-est-plus-facile-de-tomber- eperdument-amoureux/article-opinion-412405.html
- « Sentiment de solitude dans la population résidante permanente de 15 ans ou plus », in *Office fédéral de la statistique (Suisse)*, 2007-2012, consulté le 28 avril 2017. https://www.bfs.admin.ch/bfs/fr/home/statistiques/po- pulation/migration-integration/indicateurs-integration/ indicateurs/sentiment-solitude.assetdetail.300880.html

- TENENBAUM (Sylvie), *Cherche désespérément l'homme de ma vie. Le regard d'une psy sur la solitude des femmes d'aujourd'hui*, Paris, Albin Michel, 2004.
- « Thirty-Eight Percent of Workers Have Dated a Co-Worker », in *CareerBuilder.com*, février 2014, consulté le 28 avril 2017. http://www.careerbuilder.com/share/aboutus/pressreleasesdetail.aspx?sd=2%2f13%2f2014&siteid=cbpr&sc_cmp1=cb_pr803_&id=pr803&ed=12%2f31%2f2014
- « Three in Ten Workers Who Had Office Romances Married Their Co-Worker », in *CareerBuilder.com*, février 2013, consulté le 28 avril 2017. http://www.careerbuilder.com/share/aboutus/pressreleasesdetail.aspx?sd=2%2f13%2f2013&siteid=cbpr&sc_cmp1=cb_pr40_&id=pr40&ed=12%2f31%2f2013
- TRAUBE (Patrick), *Garder ses amis, nourrir ses amours*, Bruxelles, Labor, 2001.
- « Une enquête de Parship : Les Belges croient à l'amour au travail », in *Parship.be*, octobre 2008, consulté le 28 avril 2017. https://fr.parship.be/pics/downloads/fr_BE/PR-080904-Love_at_work-FR-DEF.pdf
- VAN DEN BROECK (Stefanie), « Cupido op de werkvloer: waarom we verliefd worden op collega's », in *Knack.be*, février 2016, consulté le 13 avril 2017. http://www.knack.be/nieuws/ondertussen/cupido-op-de-werkvloer-waarom-we-verliefd-worden-op-collega-s/article-normal-663399.html
- « Werknemers met een partner die bij hetzelfde bedrijf werkt naar bedrijfstak », in *Centraal Bureau voor de Statistiek (NL)*, février 2012, consulté le 28 avril 2017. https://www.cbs.nl/nl-nl/maatwerk/2014/07/werkne-

<u>mers-met-een-partner-die-bij-hetzelfde-bedrijf-werkt-naar-bedrijfstak-14-2-2012</u>

SOURCES COMPLÉMENTAIRES

- DEBRAY (Quentin), *La rencontre amoureuse*, Paris, Le Cavalier Bleu, 2009.
- POLLAK (Kay), *Aucune rencontre n'arrive par hasard. Se découvrir à travers les autres*, Chêne-Bourg (Suisse), Jouvence, 2008.

Éditeur responsable : Lemaitre Publishing
Avenue de la Couronne 382 | BE-1050 Bruxelles
info@lemaitre-editions.com

ISBN ebook : 978-2-8062-6761-0
ISBN papier : 978-2-8062-6762-7
Dépôt légal : D/2017/12603/269
Photo de couverture : © Antonioguillem – Fotolia.com

Conception numérique : Primento,
le partenaire numérique des éditeurs.